Athen
lieben lernen

Der perfekte Reiseführer für einen unvergesslichen Aufenthalt in Athen inkl. Insider-Tipps und Packliste

Nicole Blumenberg

✈ INHALT

Das erwartet Sie in diesem Buch

In diesem Reiseführer können Sie Einblicke in das Leben der Stadt Athen gewinnen und Anregungen erhalten, wie Sie Ihren Urlaub unvergesslich gestalten können. Dabei geben wir Ihnen Tipps und Hinweise, worauf Sie achten sollten, welche Touristenorte sich mehr und welche Touristenorte sich weniger lohnen. Außerdem beschreiben wir unsere eigenen Erfahrungen in der Hauptstadt Griechenlands und wie uns die Griechen begegnet sind. Ebenfalls werden Sie einen Eindruck gewinnen, wie man sich am besten in Athen fortbewegen kann und worauf Sie dabei besonders achten müssen. Auch an Ihre nächtliche Unterkunft ist gedacht, wobei hier etwas für jeden Geldbeutel dabei ist. Ebenso darf die kulinarische Komponente nicht fehlen. Hierfür empfehlen wir Cafés, Bars und Restaurants, die uns bei unserer Reise überzeugt haben und die auch in der Nähe lohnenswerter Attraktionen sind. Als kleines Highlight geben wir Ihnen Insiderinformationen, die Sie selbst nicht nur an außergewöhnliche Orte in der Stadt bringen, sondern auch etwas außerhalb von Athen, da die Schönheit nicht nur in der Stadt selbst liegt, sondern auch in ihrer Umgebung, die man wunderbar von der Akropolis aus bestaunen kann. Wir hoffen, dass wir Sie mit diesem Reiseführer auf eine spektakuläre Reise durch die Stadt der Antike begleiten werden, damit Sie die erfreulichen Erfahrungen, die wir mit dieser Stadt gemacht haben, nachvollziehen und weitergeben können, denn eine Reise in das Land der Demokratie lohnt sich für Groß und Klein, für Jung und Alt.

Was bisher geschah

Wir reisen zurück ins Jahr 7500 v. Chr. und gelangen zum Anfang einer Reise durch die Historie einer der geschichtsträchtigsten Städte Europas, welche auch heute noch als Zentrum der Welt bezeichnet wird. Viele der architektonisch interessanten Bauwerke aus vergangener Zeit sind auch in der Gegenwart noch erhalten und laden zum Verweilen in der Hauptstadt Griechenlands ein. Seit ehedem liegt Athen zwischen dem Parnes-Gebirge im Westen und dem Hymettos im Osten. Auf der bekanntesten aller Erhebungen der Stadt, der Athener Akropolis, wurden zwischen 467 - 406 v. Chr. das Erechtheion, der Niketempel und der Parthenon erbaut.

Diese Bauten sind die größten Touristenmagneten der Stadt. Im Laufe der Zeit hat Athen immer wieder an Bedeutung gewonnen und verloren, wobei insbesondere die Zeit während der Attischen Demokratie ab dem 5. Jahrhundert v. Chr. als Blütezeit bezeichnet werden kann. Auch nach der Eroberung durch die Römer im Jahr 86 v. Chr. blieb Athen weiterhin ein intellektuelles Zentrum. Erst nach dem Einfluss der Herrschaft von Byzanz verlor Athen immer mehr an Bedeutung.

Auch nach der Eroberung durch die Osmanen im Jahr 1456 oder durch den Einfluss der Florentiner (1388 und 1402), der Türken (1392) und der Venezianer (1395) änderte sich wenig an dieser Situation. Bis zur Ernennung als Hauptstadt des neu gegründeten Königreiches Griechenland im Jahr 1834 sank die Zahl der Einwohner auf Grund von Zerstörungen zwischen dem 17. und 19. Jahrhundert auf etwa 1000. Unter der Herrschaft von König Otto I. wurde Athen immer weiter ausgebaut und unter

König Georg I. wurden 1892 die ersten modernen Olympischen Sommerspiele veranstaltet.

How to get to …

Bei unserer Reise nach Athen haben wir uns für den schnellsten und wahrscheinlich auch bequemsten Weg entschieden: das Flugzeug. Von Deutschland gehen täglich Direktflüge von allen größeren Flughäfen nach Athen, teilweise schon für unter 40 Euro hin und zurück. Der Flughafen Athens liegt etwa 30 km südöstlich vom Stadtzentrum und ist 24 Stunden am Tag mit der Buslinie X95 zu erreichen, die bis zum Syntagma-Platz fährt. Die Preise für eine Einzelfahrt betragen 6 Euro für Erwachsene und 3 Euro für Studenten und Schüler (Stand 05/2019). Die Fahrzeit beträgt je nach

Verkehrsaufkommen und Tageszeit im Schnitt eine Stunde. Die Tickets erhält man am Flughafen an einem Kiosk am Ausgang 4, für die Fahrt zum Flughafen am Syntagma-Platz selbst, alternativ beim Fahrer im Bus und sie müssen elektronisch entwertet werden.

Als Alternative besteht natürlich die Möglichkeit, mit dem Auto anzureisen. Die Fahrzeit von München aus beträgt etwa 22 Stunden und die Strecke führt durch Österreich, Slowenien/Ungarn, Kroatien, Bosnien, Serbien und Mazedonien. Ebenfalls kann mit dem Zug angereist werden, jedoch dauert die Fahrt auf Grund zahlreicher Umstiege 2 bis 3 Tage, sodass ein größerer Teil der Urlaubszeit verloren geht. Falls eine Zugreise nach Athen dennoch interessant sein sollte, muss man hierfür die notwendige Zeit einplanen.

Guten Morgen Athen

ATHENS WAY

Nach unserer Anreise am Abend waren wir froh, als wir endlich im Bett lagen. Wir haben den Flughafenshuttle des Hotels genutzt, da wir relativ spät am Abend angekommen sind und uns nicht noch auf den Weg zu dem Zug machen wollten. Wer tagsüber ankommt, kann mit dem Zug allerdings schon die ersten Impressionen der Stadt aufnehmen und alles auf sich wirken lassen. Am nächsten Morgen wachten wir im Athens Way auf, für das wir pro Nacht 100 Euro für zwei Personen inkl. Frühstück bezahlt haben. Kinder zahlen bis

15 Jahre 15 Euro die Nacht, bis 18 Jahre 20 Euro die Nacht. Das Frühstück wird auf der Dachterrasse serviert und ist ausgesprochen gut und vielseitig.

Hier sollte für jeden etwas dabei sein. Von hier aus lässt sich schon ein erster Blick über Athen werfen und dabei fällt einem die höchste Erhebung der Innenstadt auf, doch dazu später mehr. Alternativ kann das Essen auch aufs Zimmer gebracht werden, doch wir empfehlen jedem, die Dachterrasse zu nutzen. Das Hotel befindet sich an der Arachovis Straße 17 und liegt zwei Kilometer von der berühmten Akropolis entfernt. Das komplette Hotel verfügt über WLAN und alle Zimmer sind mit einem Flachbildfernseher ausgestattet. Innerhalb von 5 Minuten erreicht man die nächste Metrostation Panepistimio, von der aus jedes Viertel der Stadt erreichbar ist. Zu Fuß gelangt man zum Flohmarkt von Monastiraki oder zum Archäologischen Nationalmuseum.

OLD TOWN HALL SUITES AND APARTMENTS

Ein klein wenig näher zum Zentrum, an der Iktinou Straße 2, liegen die Old Town Hall Suites and Apartments, die mit 80 Euro pro Nacht auch etwas günstiger sind, allerdings ohne Frühstück. Auch hier kann der hoteleigene Flughafenshuttle genutzt werden. Da die Zimmer mit einer eigenen Küchenzeile ausgestattet sind, kann hier je nach Lust das eigene Frühstück zubereitet werden. Alle Zimmer sind mit Flachbildfernseher und WLAN ausgestattet und je nach Zimmer hat man bereits einen ersten Blick auf die Akropolis. Wer sich direkt von der Unterkunft aus auf den Weg machen möchte, dem bietet diese einen Fahrradverleih und eine Autovermietung an. Für die Alternative zu Fuß empfiehlt sich die Metrostation Omonia, die nur 300 Meter entfernt liegt.

ACROPOLIS VIEW DREAM HOSTEL 2

Für den ganz kleinen Geldbeutel bekommt man schon für 12 Euro die Nacht ein Bett im Schlafsaal, beispielsweise im Acropolis View Dream Hostel 2, welches mit seiner Lage an der Michail Voda 17 und einem schönen Ausblick auf die Akropolis von der Dachterrasse punkten kann. Da es sich um ein Bett in einem Schlafsaal handelt, sind die Gemeinschaftszimmer auf dem Gang. Im Schlafsaal hat jeder seinen eigenen Schrank, sein Gepäck kann man bei der Gepäckaufbewahrung an der Rezeption abgeben. In allen Bereichen kann kostenloses WLAN genutzt werden.

DOWN TOWN APARTMENT

Wer lieber etwas mehr Privatsphäre haben möchte, zahlt 35 Euro die Nacht für das Down Town Apartment in der Nähe des Akropolismuseums an der Trivonianou Straße 7, zu dem man sich auch mit dem Flughafenshuttle bringen lassen kann. Das Apartment bietet kostenfreies WLAN, eine voll ausgestattete Küche und einen Flachbildfernseher. Durch die

Nähe zum Akropolismuseum lohnt sich auch der Start jeder Tour von hier aus oder über die zugehörige Metro-Station Akropolis in die anderen Viertel der Stadt. Preislich gibt es nach oben wie üblich keine Grenzen.

GRANDE BRETAGNE

Wem eine Nacht im Hotel 350 Euro wert ist, der bekommt im Hotel Grande Bretagne von der Dachterrasse einen der besten Ausblicke auf die Akropolis. Es befindet sich direkt gegenüber vom Syntagma-Platz und dem Parlamentsgebäude an der Vasileos Georgiou A' Str. 1. Die Zimmer sind luxuriös mit Marmor-Badezimmer ausgestattet. Zur Ausstattung gehört selbstverständlich WLAN im gesamten Hotelkomplex sowie ein Flachbildfernseher auf jedem Zimmer. Wer sich im Hotel entspannen möchte, der nutzt den Thermalbereich des Grande Bretagne Spa. Ob Kräuterbad, Eisbrunnen, Grotte oder Innenpool, an jedem Ort werden Sie Ihre Ruhe finden. Nicht umsonst ist dieses Hotel ein mehrfach ausgezeichnetes 5-Sterne Hotel, welches durch seinen exzellenten Service glänzt. Hier bleiben keine Wünsche offen, denn von hier aus gelangt man fußläufig zu allen wichtigsten Attraktionen in der Athener Innenstadt.

Als Hinweis für alle Unterkünfte gilt: Fragen Sie die Mitarbeiter nach Geheimtipps, hier bekommt man häufig die besten Tipps für Cafés oder Restaurants, in denen auch wir gewesen sind und häufig schmeckt es in den Lokalen am besten, wo auch die Einheimischen essen gehen. Meistens liegen diese etwas abseits der Touristenströme, sodass man hier den einen oder anderen Euro sparen kann. Wir selbst buchen immer eine Unterkunft mit Frühstück, da dies jeden Morgen die Suche nach einem Café oder etwas Ähnlichem spart und somit mehr Zeit zur Verfügung steht, um die Stadt zu erkunden. Dennoch gibt es in Athen viele kleine Straßencafés, die zum Verweilen einladen oder bei denen man sich auf die Schnelle etwas zum Essen für unterwegs kaufen kann. Wer auf gesunde Ernährung achtet, der wird im Happy Blender fündig, wo preisgünstige Bowls angeboten werden. Da sich das Café direkt auf dem Flohmarkt von Monastiraki befindet, kann hier vielleicht auch das ein oder andere Schnäppchen ergattert werden.

Der Weg ist das Ziel

Athen kann auf vielen unterschiedlichen Wegen erkundet werden und jeder ist auf seine eigene Art und Weise spannend. Der wahrscheinlich schnellste Weg sich in Athen fortzubewegen, ist die Metro zu nutzen. Zurzeit gibt es drei Metro-Linien, mit denen jeder Teil der Stadt schnell und günstig erreicht werden kann. Die Linie 1 kann eine Geschichte von mehr als 100 Jahren vorweisen, während die anderen beiden Metro-Linien für die Olympiade im Jahr 2004 in Betrieb genommen wurden. Aktuell ist mit der Linie 4 eine weitere Strecke geplant, dessen Bau in diesem Jahr (Stand 05/2019) beginnen soll. Im Vergleich zu Deutschland sind die Tickets für eine Fahrt mit der Metro sehr günstig, sodass man für eine Einzelfahrt 1,40 Euro zahlt. Je nach Aufenthaltsdauer empfiehlt es sich jedoch, ein Tages-, 5-Tages- oder Touristenticket zu kaufen. Das Tagesticket ist an jeder Metrostation erhältlich und für den gesamten Nahverkehr gültig. Für einen Preis von 4,50 Euro lohnt es sich ab vier geplanten Fahrten pro Tag.

Das 5-Tages-Ticket kostet 9 Euro, ist ebenfalls an allen Metrostationen erhältlich und für den gesamten Nahverkehr gültig. Im Gegensatz zu den anderen Tickets ist das Touristenticket auch für die Fahrt vom und zum Flughafen drei Tage gültig und kostet 22 Euro. Da mit allen Tickets ebenfalls die Tram oder der Bus genutzt werden können, ist es möglich, sich im Innenstadtbereich sehr schnell fortzubewegen, auch wenn man an vielen Haltestellen hält. Kleiner Tipp für die Erkundung mit dem Bus: Fürs Einsteigen dem Busfahrer ein Handzeichen geben, sonst hält der Bus nicht zwangsläufig an der Haltestelle.

Eine weitere Möglichkeit durch Athen zu gelangen ist die Fahrt mit dem Taxi. Auch hier sind die Preise im Vergleich zu Deutschland sehr niedrig. Pro Kilometer zahlen Sie hier am Tag gerade einmal 74 Cent pro Kilometer, nachts 1,29 €. Auch der Grundpreis ist mit 1,29 € sehr niedrig. Lassen Sie sich nicht auf Verhandlungen über Pauschalpreise ein, sondern fahren Sie immer nach Taxameter.

Wer auf diese Verhandlungen verzichten will, sollte auch nicht immer das erste Taxi in der Reihe nehmen. Insbesondere im Bereich um Touristenattraktionen herum, versuchen die Fahrer aufgrund des hohen Aufkommens Aufschläge zu verlangen. Falls man das Gefühl bekommt, dass einem zu viel abgerechnet wurde, sollte die Rechnung verlangt und die Fahrernummer notiert werden. Anschließend kann man sich unter der 171 bei der Touristenpolizei melden, die rund um die Uhr erreichbar ist.

Wer Athen auf eigene Faust erkunden möchte, der kann sich natürlich ein Auto oder einen Roller mieten. Wie in vielen südlichen Ländern sind die Verkehrsteilnehmer sehr temperamentvoll und bestehen immer auf ihr eigenes Recht. Insbesondere zur Nachmittagszeit ist die Verkehrsdichte unheimlich hoch, sodass ein Vorankommen, wenn man nicht auf seinem Vorfahrtsrecht beharrt, sehr schwierig und zeitraubend ist. Zusätzlich erscheint einem der Verkehr sehr chaotisch, sodass hohe Konzentration und Reaktionsfähigkeit gefordert sind. Wer sich den ganzen Herausforderungen stellen möchte, findet in Athen die gängigsten Autovermietungen (Hertz, Avis, Europcar, ...).

Möchte man sich immer noch selbstständig durch die Straßen Athens fortbewegen, aber den Stau vermeiden, dann kann man sich einen Roller mieten. Bei dem dichten Verkehr ist es das schnellste Fortbewegungsmittel, da man sich links und rechts an allen anderen Autos vorbeischlängeln kann. Aber aufgrund dessen ist natürlich mehr Vorsicht geboten. Keiner möchte den Urlaub wegen eines Krankenhausaufenthaltes unterbrechen oder gar beenden. Es können immer wieder Autos oder Busse von der einen auf die andere Fahrbahn ziehen und die Knautschzone ist bei einem Roller so gut wie gar nicht vorhanden. Vergleichen Sie beim Mieten die Preise, da diese doch sehr unterschiedlich sein können. Insbesondere an den Touristenattraktionen wird gerne einmal das Doppelte verlangt. Außerdem sollten die Reifen etwas größer sein, da hiermit eine größere Fahrstabilität gewährt wird. Insgesamt konnten wir in unserem Urlaub aber wenige Unfälle sehen.

Hotspots – Coldspots

Einmal in Athen angekommen wird man ziemlich schnell merken, dass es gefühlt an jeder Ecke etwas für Touristen zu sehen gibt. Viele der bedeutendsten Bauwerke aus der Antike sind noch bis heute erhalten, sodass sich in Athen ein historisches Zentrum entwickelt hat.

AKROPOLIS

Jeder, der noch nie in Athen gewesen ist, kennt die Akropolis. Und für diejenigen, die erstmalig die Stadt besuchen ist es der erste Anlaufpunkt. Eigentlich bezeichnet man mit dem Wort Akropolis eine Oberstadt, eine Festung auf einem Berg oder Hügel.

Von diesen hat es im antiken Griechenland einige gegeben, doch die Athener Akropolis ist mit ihren Bauwerken die bekannteste, sodass es sich im allgemeinen Sprachgebrauch ergeben hat, dass man bei der Akropolis immer von der Athener Akropolis spricht. Mit einer Höhe von fast 160 Metern ist die Akropolis von allen umliegenden Stadtteilen aus gut zu erkennen. Bereits in der Steinzeit waren Teile der Akropolis bebaut, entweder standen hier Herrscherpaläste, etwa zur mykenischen Zeit um 1600 bis 1100 v. Chr., oder Tempel, die den Göttern gewidmet waren (ca. 500 v. Chr.). Die heute wichtigsten Gebäude wurden allesamt um etwa 450 bis 400 v. Chr. erbaut. Dabei wurden vom damaligen Herrscher Perikles der Parthenon, das Erechtheion, der Nike-Tempel und die Propyläen errichtet. Diese Bauwerke sind bis heute erhalten und der Grund dafür, dass die Athener Akropolis so bekannt ist. In der Folgezeit wurden fast ausschließlich Denkmäler errichtet und alle weiteren Bauten, die auf der Akropolis unter der Herrschaft der Osmanen und Byzantiner errichtet wurden, ließ der griechische König Otto um 1800 abreißen. Wer heutzutage die Bauwerke auf der Akropolis bestaunt, wird viele Nachbauten zu Gesicht bekommen, da die Originale im neuen Akropolismuseum zu besichtigen sind. Der Eintritt zur Akropolis selbst beträgt zurzeit (Stand 05/2019) 20 Euro. Wer das erste Mal in Athen ist, sollte sich einen Besuch nicht entgehen lassen. Jedem der schon einmal auf der Akropolis gewesen ist, empfehlen wir es jedoch einen weiteren Besuch zu vermeiden und das Bauwerk lieber von der Ferne anzuschauen. Denn wie es bei der größten Attraktion der Stadt meistens ist, drängeln sich dutzende Menschen auf der Akropolis, um das perfekte Foto zu machen. Außerdem ist die Akropolis im Moment von recht vielen Baustellen geprägt, sodass man mit einem zweiten Besuch vielleicht ein paar Jahre warten sollte, um eine nicht eingerüstete Akropolis zu erleben. Wer sich dennoch auf den Weg nach oben macht, sollte dies mit rutschfesten Schuhen und einer Flasche Wasser tun. An heißen Tagen schadet eine zweite Wasserflasche ebenfalls nicht. Wie immer gilt es, früh da sein lohnt sich. Zur Morgenzeit ist tendenziell weniger los als tagsüber. Doch was heißt hier schon wenig? Ab 8 Uhr sind die Tore geöffnet, in den Sommermonaten (April-Oktober) bis 20 Uhr, in den Wintermonaten (November-März) bis 15 Uhr. Zur Akropolis gelangt man mit der Buslinie 230, die einen vom Syntagma-Platz bis zur Akropolis hochfährt.

PROPYLÄEN

Wer über den westlichen Aufgang die Akropolis besteigt, wird auf die Propyläen treffen. Als Propyläen bezeichnet man den Zugang zu einem Bauwerk. Auch in Deutschland lassen sich Propyläen finden, beispielsweise in München in der Nähe der Universität. Über die Treppen gelangt man zum hinteren Teil der Akropolis, wo sich der Parthenon und das Erechtheion befinden. Über den rechten Flügel erreicht man den Nike-Tempel.

NIKE-TEMPEL

Der Nike-Tempel wurde zu Ehren der Athena Nike errichtet. Doch der ursprüngliche Tempel existiert heute nicht mehr in der damaligen Form. Unter der Herrschaft der Osmanen wurde der Tempel abgerissen und Teile des Tempels wurden als Baumaterial an anderen Stellen wiederverwendet. Der Tempel, der heute zu sehen ist, wurde zwischen 1998 und 2010 wieder errichtet. Dabei wurden Bauteile, die als ehemalige Bestandteile des antiken Nike-Tempels identifiziert werden konnten, mit in den Bau integriert.

PARTHENON

Das größte und bekannteste Bauwerk auf der Akropolis ist das Parthenon. Insgesamt ist der Tempel 70 m lang, 30 m breit und 13 m hoch. Er ist der Schutzpatronin und Namensgeberin der Stadt Athen, Athena, gewidmet. Aktuell (Stand 05/2019) kann der Tempel nicht betreten werden, da er Stück für Stück abgetragen wird, um das Bauwerk zu restaurieren. Dennoch ist er aufgrund seiner Größe ein Blickfang und insbesondere bei Dunkelheit unter

Bestrahlung sehenswert.

ERECHTHEION

Im Gegensatz zu den übrigen Bauten auf der Akropolis fällt das Erechteion durch seine dichte Bauweise auf. Benannt ist der Tempel nach dem König Erechtheus, der an dieser Stelle begraben sein soll. Ebenfalls soll sich hier das Grab des Kekrops befinden. Auch hier finden sich viele Nachbauten. Die Karyatiden der Korenhalle stehen beispielsweise im Inneren des Akropolismuseums. Aber auch die Kopien geben ein beeindruckendes Bild ab.

NEUES AKROPOLISMUSEUM

Wie vorher bereits geschildert, sind viele der Originalbauten der Akropolis im Museum zu finden. Diese sind seit 2009 Teil des neuen Akropolismuseums, welches unmittelbar bei der Metro-Station Akropolis liegt und damit gut zu erreichen ist. Natürlich gelangt man auch von der Akropolis selbst gut zum Museum, zu Fuß benötigt man etwa 10 Minuten. Insgesamt kann man griechische Geschichte auf einer

Gesamtfläche von 25.000 m² bestaunen, die auf vier Etagen verteilt ist. In der untersten Etage sind hauptsächlich Ausgrabungen der antiken Reste der Unterwelt Athens zu sehen. Diese sind teils durch gläserne Fußbodenplatten, teils durch offene Ausstellungen sichtbar. Das Betreten ist hier aber nicht möglich. Ebenfalls finden sich hier Funde von den Hängen der Akropolis.

In der zweiten Etage findet sich alles um drei der vier wichtigsten Bauwerke der Akropolis: Die Propyläen, der Nike-Tempel und das Erechtheion. Wie inzwischen in vielen Museen üblich, werden auch hier multimediale Rundgänge und Dokumentationen angeboten. Doch natürlich steht auch der klassischen Erkundung nichts im Weg.

Eine Etage höher kann man eine gute Mittagspause einlegen. Hier wurde ein großes Restaurant geschaffen, welches preiswerte Gerichte anbietet, die auch geschmacklich vollkommen in Ordnung sind. Hier kann man es sich auch draußen auf der Veranda gemütlich machen und den Blick auf die Akropolis genießen. Wer sich ein Andenken mit nach Hause nehmen möchte, wird im Museumsshop fündig.

Die oberste Etage stellt den Parthenon-Saal dar. Hier wurde versucht die Dimensionen des Parthenons mit Originalproportionen darzustellen. Auch die Reliefplatten des Tempels sind in Original-reihenfolge und Position angebracht. Dies kann wahrlich als Höhepunkt des Museums bezeichnet werden, denn die akribisch genaue Nachbildung gibt einem ein sehr beeindruckendes Gefühl, während in Blickweite der originale Parthenon zu sehen ist.

Das Museum ist für uns eines der interessantes-ten Museen, in denen wir bisher gewesen sind und es wurde 2010 nicht zu Unrecht als „Best Worldwide Tourism Project" des British Guild of Travel Writers ausgezeichnet. Alles ist sehr offen gehalten und da-mit gleichzeitig sehr hell. Auch die Verbindung zwi-schen Antike und Moderne ist sehr gelungen, eben-falls die Präsentation aller Exponate. Auch über den Preis von 5 Euro kann man sich nicht beschweren. Als Student kommt man sogar kostenlos ins Mu-seum. Taschen und Rucksäcke müssen an der Garde-robe abgegeben werden und auch das Fotografieren in den Ausstellungsräumen ist nicht gestattet. Das Museum ist von April bis Oktober montags von 8.00 Uhr bis 16.00 Uhr geöffnet, dienstags bis sonntags bis 20.00 Uhr und freitags bis 22.00 Uhr. Von November bis März montags bis donnerstags von 9.00 Uhr bis 17.00 Uhr, freitags bis 22.00 Uhr und am Wochenende bis 20.00 Uhr.

ARCHÄOLOGISCHES NATIONALMUSEUM

Doch nicht nur der Weg ins neue Akropolismuseum lohnt sich. In Athen gibt es noch weitere Museen, die nicht weniger von Bedeutung sind, sodass auch diesen einen Besuch abgestattet werden kann. Das hiervon bedeutendste ist das Archäologische Nationalmuseum. Hier können Meisterwerke der Kunst und Kultur des alten Griechenlands betrachtet werden. Insgesamt finden sich etwa 20.000 Ausstellungsstücke verschiedener Zeitalter im Museum, darunter kleinere Gegenstände wie Werkzeuge und Waffen aus Ton, Stein und Knochen, aber auch größere Figuren wie die Artemision-Bronzestatue, die Poseidon oder Zeus darstellt, und Schiffe. Ähnlich wie Pompeji wurde auch die antike Stadt Akrotiri auf der Insel Thera bei einem Vulkanausbruch im 14. Jahrhundert v. Chr. zerstört. Doch auch hier sind viele

Objekte erhalten geblieben, die bei Arbeiten auf der Insel Santorini gefunden wurden und nun als Sammlung im Museum ausgestellt sind. Der Eintritt ist mit 7 Euro etwas höher als im Akropolismuseum und liegt für uns noch gerade in dem Bereich, den wir für den Besuch bezahlen würden. Als Student gibt es auch hier kostenlosen Eintritt. Der einfachste Weg zum Nationalmuseum ist über die Metrostation Victoria und etwa 500 Meter Fußweg in südöstliche Richtung. Von April bis Oktober ist es montags von 13.30 Uhr bis 20.00 geöffnet und dienstags bis sonntags von 8.00 Uhr bis 20.00 Uhr. In den Wintermonaten sind die Öffnungszeiten montags unverändert, dienstags bis sonntags jedoch auf 8.30 Uhr bis 15.00 Uhr verkürzt.

HEPHAISTOS-TEMPEL

Der Hephaistos-Tempel, welcher dem griechischen Gott des Feuers gewidmet ist, war der erste Tempel, der aus Marmor gebaut wurde. Seine 32 Meter Länge und 14 Meter Breite sind fast im Ganzen erhalten geblieben, was ihn zu einem der am besten erhaltenen antiken Tempel macht. Während der christlichen

Zeit diente der Tempel als Kirche. Von der Akropolis aus hat man einen guten Blick auf das Bauwerk, jedoch ist es sehr empfehlenswert, sich auch in die Nähe zu begeben. Der Tempel steht auf einem Hügel hinter der Agora. Diese war einst das wirtschaftliche und politische Zentrum Athens. Beispielsweise fanden hier die ersten Wahlen und Abstimmungen der ersten Demokratie der Welt statt. Aber auch größere Feste oder Veranstaltungen wurden auf diesem Platz abgehalten. Heute ist davon nicht mehr viel zu sehen, jedoch kann man hier entspannt durch die Idylle wandern und einfach die Atmosphäre genießen. Der Park ist in den Sommermonaten von 8.00 Uhr bis 19.30 Uhr geöffnet, im Winter von 8.30 Uhr bis 15.00 Uhr und kostet 4 Euro Eintritt. Wer sich an der Akropolis ein Kombiticket gekauft hat, kann mit diesem auch den Tempel kostenlos besuchen, was auch für Studenten gilt. Wer sich schon auf der Akropolis befindet, kann dorthin zu Fuß herunterlaufen. Mit der Metro gelangt man über die Station Thissio direkt zum Tempel.

PLAKA

Nördlich der Akropolis befindet sich der bekannteste Stadtteil Athens: die Plaka. Hierbei handelt es sich um die Altstadt, die geprägt ist durch enge Gassen, Cafés und Restaurants. Aber auch die Einheimischen sind nicht auf den Kopf gefallen und haben hier zahlreiche Touristenshops eröffnet.

An jeder Ecke findet sich ein Straßensänger, der für Unterhaltung sorgt, denn die Lautstärke durch fahrende Autos ist hier nicht zu finden. Wer hier etwas zum Essen sucht, sollte sich auf jeden Fall ins Klepsidra Café begeben. Dieses ist etwas abgelegen von den Touristenströmen und zur Mittagszeit finden sich viele Einheimische hier ein. Die Preise sind angemessen und die Portionen ausreichend groß. Es klingt vielleicht etwas zu typisch für Griechenland, aber das Gyros hier ist empfehlenswert. Wer zur Mittagszeit lieber einen Wein trinken möchte, der wird im Chandelier Plaka fündig. Man kann aus einem großen Angebot an Weinen wählen, zu denen auch kostenlos Wasser und Brot serviert wird. Natürlich gibt es hier auch etwas zu essen, die Qualität ist in Ordnung, jedoch sollte man nicht nur des Essens wegen hier hingehen. Bis tief in die Nacht hinein trifft man hier auf Leute und vergisst in den Bars und Kneipen bei dem einen oder anderen Ouzo gerne mal die Zeit. Wer übers Wochenende in Athen ist, der kann am Sonntag den Monastiraki-Flohmarkt besuchen. Hier findet sich inzwischen alles, vom Kleinkram bis hin zu teuren Antiquitäten und Kunsthandwerken. Wer den Touristenströmen entgehen möchte, sollte hier frühzeitig vor Ort sein, da es zur frühen Mittagszeit ab 11.00 Uhr brechend voll wird. Wer an den anderen Tagen nach einem Markt sucht, der wird in der Evripidou Straße fündig. Hier findet man alle griechischen Produkte zu sehr günstigen Preisen. Daran orientieren sich auch die Restaurants in den Varvakios Gebäuden, in denen man zur Zeit des Marktes auch günstiges, gutes und vor allem frisches Essen bekommt. Zur Plaka gelangt man am besten mit der Linie 1 oder 3 und steigt an der Haltestelle Monastiraki aus.

OLYMPIEION

Der Tempel des Zeus. Leider ist davon nicht mehr allzu viel erhalten. Lediglich 15, der anfangs 104 Säulen sind heute noch erhalten. Der Bau dieses Tempels dauerte etwa 700 Jahre, daher ist es umso tragischer, dass der Großteil des Tempels, vermutlich bei einem Erdbeben im Mittelalter, zerstört wurde. Mit einer Höhe von 17 Metern überragen diese sogar das Parthenon. Wer dies aus nächster Nähe betrachten will, der muss von der Akropolis aus etwa 500 Meter zu Fuß laufen. Jedoch können wir jedem eher den Blick vom Lykavittos aus empfehlen, da das Olympieion auf der Grünfläche, zwischen den Häusern der Stadt freistehend, ausgezeichnet zur Geltung kommt, da der Kontrast zwischen Weiß und Grün enorm ist.

Außerdem ist der Eintrittspreis in Höhe von 20 Euro meiner Meinung nach zu hoch, für das was man geboten bekommt. Als Student kann man sich jedoch auf den Weg zum Tempel machen, da auch hier der Eintritt für ihn kostenlos ist. Im Sommer hat man täglich von 8.00 Uhr bis 19.00 Uhr Zugang, im Winter bis 15.30 Uhr.

KERAMEIKOS

Kerameikos ist ein Stadtteil Athens, der durch die gleichnamige Ausgrabungsstätte an Bekanntheit gewonnen hat. Der Name beruht auf den antiken Töpferwerkstätten, die sich hier befanden. Aus antiker Sicht ist der Friedhof mit den Grabstelen und –statuen sowie das angrenzende Museum, in dem die Originale ausgestellt sind, von Bedeutung.

Der Eintritt beträgt hier 8 Euro, was mir als Eintritt zu teuer wäre, Studenten kommen wieder einmal umsonst ins Museum. Dieses öffnet von Dienstag bis Sonntag um 7.30 Uhr seine Tore und schließt um 19.00 Uhr. Im Winter kann man die Grabstellen von 8.30 Uhr bis 15.00 Uhr besichtigen. Wer jedoch schon einmal vor Ort ist, sollte sich im ganzen Viertel umschauen, denn hier hat sich in den letzten Jahren ein Szene-Viertel entwickelt. Viele leerstehende Gebäude haben Künstlern die Möglichkeit gegeben, kreativ zu sein und Dinge auszuprobieren.

Und genau das hat wie in vielen anderen Städten Touristen angelockt, die sich nun in den Hipster-Cafés ihren Platz suchen. Inzwischen bekommt man hier zur Mittagszeit keinen freien Platz mehr. Im Restaurant Laika werden außergewöhnliche

Speisen serviert, mit einem guten Preis-Leistungs-Verhältnis. Der Service braucht jedoch teilweise seine Zeit, dem sollte man sich bewusst sein. Wer also außerhalb von den eigentlichen Touristen-Hotspots unterwegs sein und neue Kunst entdecken möchte, der macht mit diesem Stadtteil keinen Fehler. Mit der Linie 3 fährt man hierhin bis zur Station Votanikos, mit der Linie 1 zur Station Thissio.

LYKAVITTOS

Der Lykavittos ist die höchste Erhebung der Athener Altstadt. Mit seinen 277 Metern überragt er die Akropolis und ist allein wegen seiner Aussicht einen Besuch wert. Anscheinend reicht den meisten Touristen der Ausblick von der Akropolis aus, sodass hier sehr wenige Touristen unterwegs sind. Als Geheimtipp kann man diesen Ort jedoch eigentlich nicht bezeichnen, da er von der ganzen Stadt aus zu sehen ist. Umgekehrt hat man von hier einen überragenden Blick auf die gesamte Stadt Athen. Es gibt mehrere Möglichkeiten sich auf den Weg nach ganz oben zu machen. Die einfachste, aber auch teuerste Methode ist die Standseilbahn zu nutzen. Diese startet alle 30 Minuten von der Ploutarchou Straße und bringt einen innerhalb von wenigen Minuten nach oben. Die erste Fahrt startet um 9.00 Uhr, die letzte Fahrt bringt einen um 3.00 Uhr zurück nach unten. Der Preis für eine einfache Fahrt beträgt 5 Euro, Hin- und Rückfahrt zusammen kosten 7,50 Euro. Mit der Buslinie 60 gelangt man ebenfalls auf den Gipfel des Lykavittos, die vom Kolonáki-Platz aus startet. Der schönste, aber auch anstrengendste Weg ist zu Fuß. Dieser dauert je nach Lauftempo und Anzahl der Pausen etwa 30 Minuten.

Der Aufstieg erfolgt über viele Zickzackwege und verschlungene Pfade. Die Pausen kann man nutzen, um immer mal wieder einen Blick Richtung Athen zu werfen. Oben angekommen fällt einem sofort die Kirche ins Auge. Diese ist dem Heiligen Georg gewidmet und wurde erst Mitte des 19. Jahrhunderts erbaut. Sie ist umgeben von einer Aussichtsplattform und einem kleinen Café, in dem man Spezialitäten der griechischen Küche genießen kann. Die Kirche ist insbesondere zu Ostern ein Highlight, da sie der Schauplatz eines spektakulären Feuerwerks ist. Von der Aussichtsplattform der Kirche aus hat man den besten Blick auf Athen. Der

Blick auf die Akropolis ist komplett uneingeschränkt und lohnt sich besonders in den Abend- und Nachtstunden, wenn diese beleuchtet ist.

Ebenfalls im Bild sind das Olympieion und das Panathinaiko-Stadion. Bei klarer Sicht kann man bis zum Hafen von Piräus gucken und die Inseln der Ägäis sehen. Auf der Nordseite des Lykavittos befindet sich ein Freilichttheater. Im Sommer finden hier Konzerte und Theaterveranstaltungen statt. Insgesamt findet sich hier Platz für 4.000 Zuschauer. Wenn man sich Zeit nimmt und die Eindrücke auf sich wirken lässt, kann man hier ohne Probleme einen halben Tag verbringen. Dabei sollte sicherlich die Tagestemperatur beachtet werden. Wir selbst waren am frühen Abend auf dem Lykavittos, wo es angenehm warm war. Wir möchten uns jedoch nicht vorstellen wie warm es zur Mittagszeit ist, wenn einem die pralle Sonne auf den Kopf scheint.

PANATHINAIKO-STADION

Das Panathinaiko-Stadion diente als Olympiastadion der ersten Olympischen Spiele der Neuzeit im Jahre 1896. Die Geschichte des Stadions geht jedoch bis ins Jahr 330 v. Chr. zurück, als dort für die Panathenäischen Spiele, die zu Ehren der Göttin Athene ausgerichtet wurden, ein Stadion errichtet wurde. Diese Anlage umfasst Platz für etwa 60.000 Besucher. Das endgültige Erscheinungsbild wurde im Jahr 140 n. Chr. fertiggestellt. Seitdem wurden immer wieder Wettkämpfe auf der Laufbahn in Hufeisenform mit einer Länge von 204,07 Metern und einer Breite von 33,35 Metern abgehalten. Heutzutage sind die Maße und Sicherheitsbestimmungen nicht mehr geeignet, um Wettkämpfe durchzuführen, dennoch gab es im Laufe der Vergangenheit immer mal wieder Veranstaltungen, die hier durchgeführt wurden. Im Jahr 1968 wurde hier das Finale des Europapokals der Pokalsieger im Basketball ausgetragen, welches bis 2010 den Rekord des Spiels mit den meisten Zuschauern eines Basketballspiels aufstellte, wahrscheinlich waren um die 80.000 Zuschauer anwesend. Ebenfalls wurde im Rahmen der Leichtathletik-Weltmeisterschaft 1997 die

Eröffnungszeremonie im Panathinaiko-Stadion abgehalten.

Als die Olympischen Spiele im Jahr 2004 wieder in Athen stattfanden, wurde das Stadion für die Wettkämpfe im Bogenschießen genutzt und als Zieleinlauf der beiden Marathonläufe. Dieser wird auch für den jährlich stattfindenden Athen-Marathon genutzt. Im Vergleich zu den heutigen Stadien sind die Tribünen deutlich steiler und ermöglichen so aus jeder Reihe einen guten Blick auf die Wettkampfstätte. Interessant ist ebenfalls die schwarze Farbe der Laufstrecke, da man in der heutigen Zeit normalerweise rote und etwas seltener blaue Bahnen zu Gesicht bekommt. Unter der Tribüne führt ein Tor durch, worauf ein langer Gang folgt.

Dieser diente in der Antike als Gang der Athleten zur Anlage, heute befindet sich dort eine Ausstellung zum Thema Olympische Spiele. Diverse Plakate der Sommer- und Winterspiele sind hier ausgestellt. Ebenfalls finden sich hier die verschiedenen Designs der Olympischen Fackeln. Leider sind die Öffnungszeiten relativ kurz, sodass man hier nur von 8.00 Uhr bis 14.30 Uhr das Stadion von innen betrachten kann. Montags ist das Stadion sogar komplett geschlossen. Natürlich lohnt sich hier auch der Blick von außen, jedoch ist für uns der Besuch des Inneren des Stadions ein Muss. Der Eintritt beträgt 5 Euro und ermäßigt 2,50 Euro, was wir immer wieder für diesen Besuch bezahlen würden. Mit der Linie 2 gelangt man zum Stadion über die Stationen Akropoli oder Syntagma, an der auch die Linie 3 hält und läuft dann durch den Nationalgarten.

Kinder und Kultur

Wir können aus eigener Erfahrung sprechen, dass man sich als Kind nicht immer für Kultur begeistern konnte. Und wenn doch, muss diese einem spielerisch erklärt werden. Doch welche Möglichkeiten ergeben sich für Familien mit Kindern in einer so von Kultur geprägten Stadt wie Athen, diese spielerisch zu entdecken und wahrzunehmen? Zunächst einmal sollte darauf geachtet werden, zu welcher Jahreszeit man mit den Kindern nach Athen in den Urlaub fährt. Denn im Hochsommer, bei 40 Grad im Schatten und gefühlt 100 Grad in der Sonne, ist es schon für einen

Erwachsenen wahnsinnig anstrengend auch nur einen Tag durch Athen zu laufen. Man stelle sich das Ganze nun mit Kindern vor, insbesondere auch unter den gesundheitlichen Gefahren. Daher unser Tipp: Falls jemand mit den Kindern nach Athen reisen möchte, dann am besten im Frühjahr oder im Herbst. In den Monaten ist es von der Temperatur her deutlich angenehmer und auch touristisch ist weitaus weniger los als in den Sommermonaten. Darüber freuen sich auch die Kinder, wenn einfach mehr Platz zum Herumtoben vorhanden ist, auch auf Flächen, wo sich kein Spielplatz oder Ähnliches findet.

NEUES AKROPOLISMUSEUM

Wie bereits geschildert gibt es in Athen zahlreiche Museen, und alle mit Kindern zu besuchen halten wir für wenig sinnvoll. Schnell wird die Lust daran vergangen sein, sich Statuen, Handwerkskunst oder Schmuck anzusehen. Doch wer sich mit seinen Kindern in ein Museum wagt, der sollte sich das neue Akropolismuseum nicht entgehen lassen. Was sich schon für Erwachsene lohnt, ist auch für Kinder das beste Museum, welches es in der Stadt gibt. Mit den

Kleinen am besten direkt los in die zweite Etage zum Lego-Modell der Akropolis. Bei unserem Besuch war die Nachbildung umringt von Kindern. Als Erwachsener konnte man noch über die Kleinen hinwegsehen, als Kind durfte man Schlange stehen. Vielleicht steht nach dem Urlaub bei dem einen oder anderen auch ein Akropolis-Nachbau im Kinderzimmer. Wir wollen uns nicht vorstellen, welche Arbeit dahintergesteckt hat. Ebenfalls sollte sich jede Familie einen sogenannten Family Backpack ausleihen. In diesem befinden sich Spiele und Karten rund um den Museumsrundgang. Mit der Karte in der Hand können sich die Kinder auf den Weg durchs Museum machen und versuchen, so viele Athene-Figuren zu finden wie möglich. Es erinnert sehr an eine Schnitzeljagd.

NATIONALGARTEN

Die anderen Museen hatten für Kinder doch deutlich weniger zu bieten, sodass sich hier eher der Ausflug in den einen oder anderen Park anbietet. Hier empfiehlt sich der Nationalgarten östlich der Plaka zwischen dem Botschaftsviertel und dem Hadrianstor. In der Vergangenheit war der Park der königlichen

Familie gewidmet, doch seit 1923 ist er für alle zugänglich. Kleine Teiche, alte Bäume und schöne Palmen prägen das Bild. Es wird einem der ein oder andere Jogger über den Weg laufen und auch die Kinder können sich hier austoben. Am Rande des Parks gibt es Sportplätze mit Handballtoren und Basketballkörben, an denen man eine kleine Spielpause einlegen kann. Die Bälle hierfür muss man allerdings selbst mitbringen. Es befindet sich hier ebenfalls ein sehr kleiner Zoo, der unter anderem Schildkröten beherbergt.

ATTISCHER ZOOLOGISCHER PARK

Wem der kleine Zoo nicht ausreicht, der kann sich auf den Weg zum Attischen Zoologischen Park machen. Dieser befindet sich 15 km östlich von Athen und ist mit der Buslinie 319 ab dem Bahnhof Doukissis Plakentias und bis dahin, mit der Metro Linie 3 zu erreichen. Auf einer Fläche von 20 Hektar trifft man unter anderem auf Tiger, Elefanten, Löwen, Giraffen und Delfine. Zu seiner Eröffnung im Jahr 2000 handelte es sich um einen reinen Vogelpark mit 300 verschiedenen Arten und insgesamt 1.100 Vögeln. Die

Anzahl der Vögel ist inzwischen auf mehr als 2.000 gestiegen und macht den Großteil der Tiere im Zoo aus. Dennoch hat sich der Park in den letzten Jahren mit verschiedenen Themenwelten stetig erweitert. Die Kinder sollten davon abgehalten werden, den Finger oder die Hand durch die einfachen Zäune zu stecken, da einige Tiere vielleicht etwas schneller als erwartet auf einen zugelaufen kommen. Insgesamt kommt man hier für 15 Euro pro Person auf seine Kosten. Auch die Delfin-Show ist absolut lohnenswert und löst bei den Kleinen immer wieder Begeisterung aus.

FILOPAPPOU

Für die Jüngeren dürfte der Aufstieg auf den Lykavittos etwas anstrengend sein. Und da der Preis für die Fahrt mit der Standseilbahn für eine Familie mit zwei Kindern mal eben 30 Euro beträgt, muss hier eine Alternative gefunden werden, damit auch die Kleinen einen guten Blick auf die Akropolis bekommen. Und diese Alternative ist auch schnell gefunden. Der Filopappou-Hügel liegt westlich der Akropolis und ist auch fußläufig ohne Probleme von dieser zu erreichen. Generell lässt sich der Filopappou als kleiner Park bezeichnen, in dem man auch Schildkröten entdecken kann. Oben angekommen erwartet einen nicht nur der erwähnte Blick auf die Akropolis, sondern auch auf den südlichen Teil Athens. Bei klarer Sicht kann man hier ebenfalls bis zum azurblauen Meer gucken. Wer später am Abend mit den Kindern hier hochläuft, der kann auch einen schönen Sonnenuntergang beobachten.

WACHWECHSEL

Für Mädchen vielleicht weniger interessant, für die Jungs dafür umso mehr ist der Wachwechsel am Präsidentenpalast. Diesen gibt es allerdings nicht nur am Syntagma-Platz zu bestaunen, sondern auch an kleineren Wachposten, beispielsweise in der Irodou Attikou Straße. Der Wechsel findet täglich zur vollen Stunde statt und ist am Syntagma-Platz deutlich mehr besucht als an den anderen Wachposten. Auffällig ist hierbei die Uniform. Insbesondere die schwarzen Pompons auf der Oberseite der Schuhe fallen sofort ins Auge. Das Berühren der Wachen ist dabei jedoch verboten, das sollte den Kindern ausdrücklich mitgeteilt werden. Darauf wird auch von einem weiteren Soldaten geachtet.

Generell gilt: Es kommt immer auf das Alter der Kinder und die Interessen an. Doch mit einer Reise nach Athen mit Kindern kann man nichts falsch machen, da die Möglichkeit Kultur zu erleben nicht nur im Museum besteht, sondern auch draußen im Freien.

Lassen Sie es sich schmecken

D ie griechische Küche weist eine lange Tradition auf, von denen viele Elemente noch heute zu finden sind. Dabei wird vor allem auf einen großen Anteil an Fisch und Gemüse geachtet. Der große Anteil an Fisch und Meeresfrüchten ist aufgrund der nahen Lage zum Meer nicht verwunderlich, jedoch sind die Preise für Fisch aufgrund der Überfischung des Mittelmeers in den letzten Jahren stark angestiegen. Bevorzugt wird die Zubereitung im Backofen, da die Gerichte dort einfacher warm gehalten werden können. Beim Essen braucht man sich keine Gedanken zu machen, dass man sich die Zunge verbrennt, da die Griechen ihre Mahlzeiten eher warm oder nur lauwarm zu sich nehmen. Zu jedem Gericht wird Brot serviert, was in den meisten Lokalitäten kostenlos ist, im Allgemeinen griechisches Weißbrot. Schaf- und Ziegenfleisch hat in Griechenland eine weitaus größere Bedeutung als Schweine- oder Rindfleisch.

Wer sich in griechische Restaurants begibt, der wird erkennen, dass auf allen Tischen meistens ein großer Teller in der Mitte steht, von dem sich alle bedienen. Als Vorspeise finden sich viele kleinere Portionen auf dem Tisch verteilt, von denen sich jeder seine eigene Vorspeise zusammenstellt. Dass sich jemand eigene Hauptgerichte bestellt, kommt eher selten vor, sodass man sich, wenn man sich etwas an die griechische Esskultur anpassen möchte, vor der Bestellung auf ein oder zwei Gerichte einigen sollte, von denen man sich bedient. Die Griechen bevorzugen, aufgrund der hohen Temperaturen zur Mittagszeit, eher die größte Mahlzeit des Tages später einzunehmen. Dabei wird vor allem auf Geselligkeit geachtet und man sitzt häufig lange zusammen am

Tisch. Dass es dabei immer wieder etwas lauter wird, sollte einen nicht stören.

Die griechische Küche bietet eine Vielzahl an Gerichten. Als Vorspeise gibt es diverse Salatgerichte häufig mit Schafs- oder Ziegenkäse. Außerdem gibt es kleine Appetithäppchen, die als Mezedes bezeichnet werden. Im Sommer werden kalte und im Winter warme Suppen serviert. Hier sind der Kreativität keine Grenzen gesetzt: Gemüse-, Bohnen-, Linsen-, oder Erbsensuppe. Viele ähneln hier tatsächlich denen, die man aus Deutschland kennt. Die Hauptgerichte sind sehr fleischlastig, aber auch als Vegetarier wird man auf den Karten der Restaurants etwas zu essen finden. Empfehlen können wir Giouvetsi, was ähnlich dem uns aus den Balkanstaaten bekannten Duvec ist. Es handelt sich hier um einen Eintopf aus griechischen Nudeln mit Lammfleisch, alternativ aber auch mit Meeresfrüchten oder Gemüse. Zu den Hauptgerichten werden typischerweise Pommes, Reis oder die eben erwähnten Nudeln serviert. Als Nachspeise wird traditionell Obst der Saison gereicht, inzwischen finden sich in vielen Lokalen aber auch süße Nachspeisen, welche ihren Ursprung in der nahöstlichen Küche haben.

Gyros und Souvlaki-Spieße, die in Deutschland in jedem griechischen Restaurant auf der Karte stehen, suchen Sie in den größeren Restaurants in der Regel vergebens. Hierfür muss man einen kleineren Imbiss oder ein Grillrestaurant aufsuchen, falls man die bei uns bekanntesten griechischen Gerichte auch einmal vor Ort probieren möchte. Der Weg dorthin lohnt sich aber auf alle Fälle, denn wie sagt man so schön: Es schmeckt dort am besten wo es herkommt.

Wir fragen die Einheimischen

Natürlich gibt es auch ein Leben abseits der ganzen Touristenattraktionen in Athen. Wir kennen Griechenland als Land der Krisen, wie ironisch, dass der Begriff Krise aus dem Altgriechischen stammt. Und auch die Einheimischen reden ganz offen über die Probleme in ihrem Land, sind dabei aber immer authentisch und ehrlich. In Athen selbst sieht man in gewissen Ecken, dass die Krise auch an der Hauptstadt nicht vorbeigegangen ist. Geschlossene Läden, die verstauben und dreckig geworden sind. Doch für die Griechen geht das Leben weiter, und in allen kleinen Shops, Cafés und Bäckereien herrscht eine angenehme Atmosphäre, die durch die Griechen als Gastgeber entsteht. Auch abends braucht man, was die Sicherheit angeht, keine Bedenken zu haben, da einem immer das Gefühl gegeben wird, dass man willkommen ist.

Trotzdem wird man immer vor Taschendieben im Bereich der Plaka gewarnt, mitbekommen von einem derartigen Fall haben wir allerdings nichts. Was man im Vergleich zu Deutschland beachten sollte ist, dass sich die Griechen nicht aus der Ruhe bringen lassen. Sei es im Supermarkt oder im Restaurant, alles benötigt seine Zeit. Im Urlaub sollte man aber auch keinen Stress machen und lernen mit solchen Situationen umzugehen, die man aus unserem Alltagsleben kaum kennt. Auch wir haben uns in den Gassen Athens ein paar Mal verlaufen, wobei das nicht das richtige Wort dafür ist.

Man lernt in diesen Situationen immer neue Leute kennen und sammelt Erfahrungen, die einen an Orte bringen, die vorher vielleicht nicht auf der eigenen Urlaubsliste standen. Und der Weg zurück findet sich meist von selbst und wenn nicht findet sich auf jeden Fall ein Einheimischer, der einen zurück auf den richtigen Weg bringt. Es fiel uns auf, dass sich, im Gegensatz zu vielen anderen Großstädten, in Athen keine Slums gebildet haben. Die Einheimischen kennen sich untereinander und leben teilweise ein Leben lang in ihrem Viertel. Falls sich inzwischen schon jemand wundert, warum wir so gut mit den Einheimischen kommunizieren konnten: Das Englisch der Griechen ist, verglichen mit vielen anderen europäischen Ländern, ausgesprochen gut, sodass eine Verständigung ohne Probleme möglich ist.

Die Griechen und das Geld

Geld und Griechenland, zwei Worte, die in den letzten Jahren immer wieder aufeinandergetroffen sind. Das Preisniveau in Athen ist tendenziell mit dem anderer europäischer Großstädte zu vergleichen. Dennoch finden sich immer wieder günstige Cafés, in denen man etwas sparen kann. Auch die öffentlichen Verkehrsmittel sind, wie zu Beginn bereits angesprochen, ziemlich günstig. Generell gilt: Man sollte immer Bargeld dabeihaben. Das macht es in kleineren Lokalen einfacher zu bezahlen, als dort den Versuch zu starten, alles mit der EC-Karte begleichen zu wollen. Im Supermarkt ist dies allerdings kein Problem. Wem einmal das Bargeld ausgehen sollte, der findet überall in Athen Geldautomaten, an denen man Geld abheben kann, teilweise gegen Gebühr, teilweise ohne. Die Informationen dazu stehen in fast allen Fällen auch in Englisch an den Automaten.

Insidertipps

PANATHENAIC WAY

Um die antike Welt von Athen etwas näher kennenzulernen, empfiehlt sich der Panathenaic Way. Dieser Weg führt von den Toren Athens bis zur Akropolis. Diesen Weg sind in vergangenen Zeiten auch Historiker, Gelehrte und Philosophen gegangen und er erinnert daran, wie sich die alten Griechen auf dem Weg zur Akropolis vorgekommen sind. Dabei führt der Weg vorbei an Bruchstücken und Ruinen alter Zeit. Hier kann man auch bis spät in den Abend hinein entlangschlendern, jedoch ist der komplette Weg zu lang. Es bietet sich daher nur an, den Weg unterhalb der Akropolis zu laufen.

FOOD STR

Die besten Burger der Stadt. Wir haben schon viele Burger in jeglichen Teilen der Welt gegessen, doch geschmacklich gehören die Burger aus diesem Laden zu den deutlich besseren. Hier bekommt man für wenig Geld (6 Euro) Burger mit Pommes und das auch ziemlich schnell. Der Laden liegt nordöstlich des Monastiraki-Platzes an der Kalamiotou Straße 17.

SEYCHELLES

In Kerameikos konnten wir bereits einen Laden empfehlen. Für das etwas höhere Preissegment gibt es noch einen weiteren Laden, der es uns angetan hat. Im Seychelles gilt es, auf jeden Fall einen Tisch zu reservieren, da das Lokal von sehr vielen Einheimischen besucht wird. Wir hatten bei unserem Aufenthalt Glück, dass gerade ein Tisch frei wurde. Alternativ müsste man sich an die Bar zwängen, was zum Essen eher ungeeignet ist. Da die Küche offen gehalten ist, hat man von fast jedem Tisch aus einen Blick auf sein Gericht, welches frisch zubereitet wird. Angeboten wird hier griechische Küche, die

Auswahl ist nicht besonders groß, dafür aber die Qualität des Essens als hervorragend einzuordnen. Das Lokal befindet sich an der Keramikou Straße 49.

A FOR ATHENS

A für Athen oder A für Ausblick. Denn diesen kann man im A for Athens nur genießen. Dass dies sich auch etwas auf die Preise der Getränke und des Essens auswirkt ist irgendwie selbstverständlich, aber dies ist zu verkraften. Auch hier kann eine Reservierung von Vorteil sein, aber Vorsicht: Man bekommt nur einen Tisch mit Ausblick zugewiesen, wenn man auch etwas essen möchte. Sonst muss man auf einen freien Tisch mit Ausblick hoffen, was am Abend aber ziemlich schwierig ist. Während unseres Aufenthalts war auch ein DJ für die Musik verantwortlich, Partymusik sucht man hier zum Glück vergebens. Jedoch wird es zum späten Abend hin etwas lauter.

LONTOS CAFÉ

Wer zur Mittagszeit noch etwas Platz im Magen hat, der sollte sich die Waffeln im Lontos Café nicht entgehen lassen. Hier finden sich auch genügend Gerichte zum Mittagessen, doch da wir noch ausreichend gesättigt waren, gab es für uns nur einen kleinen Nachtisch. Das Café liegt westlich der Agora und ist fußläufig zu erreichen (Apostolou Pavlou 35).

VOULIAGMENI-SEE

Die Fahrt zum Vouliagmeni-See dauert vom Syntagma-Platz etwas weniger als eine Stunde, doch die Fahrt dahin lohnt sich. An der Station F. Hellenic muss man einmal in die Buslinie 122 umsteigen und erreicht dann den See. In seinem smaragdgrünen Wasser spiegelt sich die Felswand. Die Umgebung wechselt von Baumkronen über kleine Sträucher zu rauen Felsen. Wer etwas Entspannung vom Großstadttrubel benötigt, der wird hier seine Ruhe finden. Bei 22 bis 27 Grad Wassertemperatur lässt sich die Zeit auch ganz gut im Wasser verbringen.

KAP SOUNION

Einen Sonnenuntergang am Kap Sounion erleben. Jeder der in Athen ist, sollte sich auf den Weg dorthin machen. Denn mit dem Poseidon-Tempel im Blick ergibt sich hier ein traumhaftes Bild. Die Fahrt zum Kap dauert ab der Regionalbusstation nahe der Metrostation Viktoria eine Stunde. Alternativ kann man an der Filellinon Straße 10 in der Nähe des Syntagma-Platzes einsteigen, was die Fahrtzeit um 15 Minuten verkürzt. Hierfür wie üblich das Handzeichen geben und einsteigen. 6,30 Euro zahlt man für einen Weg, also 12,60 Euro für einen Tagesauflug. Die Lage direkt am Meer ist außergewöhnlich und der Blick aufs tiefblaue Wasser ebenfalls. Solange die Sonne noch nicht untergegangen ist, kann man auf dem Hügel hervorragend spazieren gehen, da die Wege sehr gut ausgebaut sind. Für uns war es das schönste Ausflugsziel rund um Athen.

SYNTAGMA-STATION

Im ganzen Trubel einer Metro-Station kann man diese Attraktion gerne mal übersehen. Wer sich jedoch stets mit offenen Augen durch Athen bewegt, der wird dieses kostenlose Museum nicht übersehen. In der Metro-Station Syntagma befindet sich quasi ein kleines Museum, welches wortwörtlich die Unterwelt der vergangenen Jahrhunderte in Athen darstellt. Im ersten Untergeschoss befinden sich in kleinen Glaskabinen Relikte aus dem Untergrund. Alte Abwasserrohre und Abwassersysteme und die verschiedenen Gesteinsschichten sind hier ausgestellt. Es ist vielleicht kein Museum für jedermann, aber wenn man bedenkt, dass sich dieses Museum passend unter der Erde Athens befindet, kann man sich hier für ein paar Minuten im Trubel der Menschenmassen verlieren.

Machen Sie sich auf den Weg

Nach unseren Tagen in Athen können wir sagen: Diese Stadt lohnt sich. In kaum einer anderen Stadt wird einem die antike Geschichte so nahegebracht wie in Athen. Und dennoch kann man Athen beim besten Willen nicht als unmoderne Stadt oder etwas Ähnliches bezeichnen. Dazu trägt vor allem das moderne Akropolismuseum bei, welches sich trotzdem perfekt an die Gegebenheiten der geschichtsträchtigen Stadt anpasst. Hier überragt die Akropolis alles und ist fast von jedem Teil der Stadt aus zu bewundern. Insbesondere bei Nacht ergibt sich hier ein spektakuläres Bild. Auch Kinder können hier erste Erfahrungen zum Thema Kultur machen und diese Stadt spielerisch kennen lernen. Man wird hier auf freundliche und hilfsbereite Menschen treffen, die auf die Krise mit Humor und Ehrlichkeit reagieren.

Lassen Sie los vom Alltagsstress in Deutschland und nehmen Sie etwas von der griechischen Gelassenheit und Lebensart mit nach Hause. Dies wird Ihnen auch in Ihrem Alltagsleben weiterhelfen und Sie werden in mehr Fällen einfach mal die Ruhe bewahren. Und falls es einem in der Großstadt doch zu stressig wird und es wird eine Auszeit benötigt, dann genießen Sie das Grün in einer der Parkanlagen oder fahren aus Athen raus zum Kap Sounion oder Vouliagmeni-See. Hier werden Sie vom Trubel der Großstadt wenig mitbekommen und Sie sind in Windeseile wieder zurück in der Stadt, um die griechische Küche genießen zu können. Machen Sie sich auf den Weg, setzen Sie sich in den Flieger und lernen Sie die Vielfältigkeit der geschichtsträchtigsten Stadt Europas kennen.

Packliste

Geld & Finanzen

O (evtl.) Auslandswährung
O Bargeld
O Bauchtasche
O Brustbeutel
O Bauchtasche
O EC-Karte
O Kreditkarte
O Notfall-Telefonnummern der Banken
O Portmonee

Hygiene

O Haarbürste / Kamm
O Deo (klein)
O Shampoo
O Kulturtasche
O Sonnencreme
O Taschentücher

O Reise-Zahnbürste und Zahnpasta
O Verhütungsmittel

Kleidung

O Badeklamotten
O Gürtel
O Hosen kurz / lang
O Mütze / Cap / Hut
O Pullover
O Regenjacke
O Schlafanzug
O Socken
O Sonnenbrille
O Sportklamotten / Jogginghose
O T-Shirts
O Unterwäsche

Medikamente

O Blasenpflaster
O Anti-Durchfalltabletten
O Erste-Hilfe-Set

O Fiebertabletten
O Fiebertabletten
O Mückenschutz
O sonstige Medikamente
O Pflaster
O Kopfschmerztabletten

Unterlagen & Papiere

O ADAC Unterlagen
O Adresslisten für Postkarten
O Krankversicherungsnachweis
O Stadtplan
O Führerschein
O Unterlagen für die Unterkunft
O Wasserdichte Hülle für Reiseunterlagen
O Impfausweis
O Mietwagenunterlagen
O Personalausweis
O Reisepass
O Reisetagebuch
O evtl. Studentenausweis

O evtl. Visum
O Zug- / Bahn- / Flugticket

Taschen & Rucksäcke

O Koffer / Trolley / Reisetasche
O Regenhülle für Rucksack
O Rucksack

Schuhe

O Badeschlappen / Hausschuhe
O Schuhe und Wechselschuhe

Sonstiges

O Brille / Kontaktlinsen und Etui
O Buch zum Lesen
O Ohrenstöpsel und Schlafmaske
O Regenschirm
O Reisedecke
O Wasserflasche
O Wörterbuch

Elektronik

O Digitalkamera
O Handy
O Ladekabel
O Kopfhörer
O evtl. Steckdosenadapter
O Power-Bank

Herstellung und Verlag:

BoD – Books on Demand, Norderstedt

ISBN: 9783750430754

1. Auflage

Kontakt: Psiana eCom UG/ Berumer Str. 44/ 26844 Jemgum

Covergestaltung: Fenna Larsson

Coverfoto: depositphotos.com